丅尺丹几乙しﾄ丹丅と

Translated Language Learning

Aladdin und die Wunderbare Lampe

Aladdin and the Wonderful
Lamp
Antoine Galland

Deutsch / English

Original text by Antoine Galland
From ' *'Les mille et une nuits* ''
First published in French in 1704
Taken from The Blue Fairy Book
Collected and translated by Andrew Lang

www.tranzlaty.com

Aladdin und die Wunderbare Lampe
Aladdin and the Wonderful Lamp

Es war einmal ein armer Schneider

Once upon a time there lived a poor tailor

Er hatte einen Sohn namens Aladdin

he had a son called Aladdin

Aladdin war ein leichtsinniger, müßiger Junge, der nichts tun wollte

Aladdin was a careless, idle boy who would do nothing

Obwohl er gerne den ganzen Tag Ball spielte

although, he did like to play ball all day long

Das tat er auf der Straße mit anderen kleinen Müßiggängern

this he did in the streets with other little idle boys

Das betrübte den Vater so sehr, dass er starb

This so grieved the father that he died

Seine Mutter weinte und betete, aber nichts half

his mother cried and prayed but nothing helped

Trotz ihres Flehens besserte sich Aladdin nicht

despite her pleading, Aladdin did not mend his ways

Eines Tages spielte Aladdin wie gewöhnlich auf der Straße

One day Aladdin was playing in the streets as usual

Ein Fremder fragte ihn nach seinem Alter

a stranger asked him his age

und er fragte ihn, ob er nicht der Sohn des Schneiders Mustapha sei

and he asked him if he was not the son of Mustapha the tailor

"Ich bin der Sohn Mustaphas, Herr", erwiderte

Aladdin;

"I am the son of Mustapha, sir" replied Aladdin

"Aber er ist schon vor langer Zeit gestorben"

"but he died a long time ago"

der Fremde war ein berühmter afrikanischer Zauberer

the stranger was a famous African magician

und er fiel ihm um den Hals und küsste ihn

and he fell on his neck and kissed him

"Ich bin dein Onkel", sagte der Zauberer;

"I am your uncle" said the magician

"Ich kannte dich von deiner Ähnlichkeit mit meinem Bruder"

"I knew you from your likeness to my brother"

"Geh zu deiner Mutter und sag ihr, dass ich komme"

"Go to your mother and tell her I am coming"

Aladdin rannte nach Hause und erzählte seiner Mutter von seinem neu gefundenen Onkel

Aladdin ran home and told his mother of his newly found uncle

"Wahrhaftig, Kind," sagte sie, "dein Vater hatte einen Bruder."

"Indeed, child," she said, "your father had a brother"

"aber ich dachte immer, er sei tot"

"but I always thought he was dead"

Sie bereitete jedoch das Abendessen für den Besucher vor

However, she prepared supper for the visitor

und sie befahl Aladdin, seinen Onkel zu suchen

and she bade Aladdin to seek his uncle

Aladins Onkel kam mit Wein und Früchten beladen

Aladdin's uncle came laden with wine and fruit

Er fiel nieder und küsste die Stelle, wo Mustapha zu sitzen pflegte

He fell down and kissed the place where Mustapha used to sit

und er bat Aladins Mutter, sich nicht zu wundern

and he bid Aladdin's mother not to be surprised

Er erklärte, er sei vierzig Jahre außer Landes gewesen

he explained he had been out of the country forty years

Dann wandte er sich an Aladdin und fragte ihn nach seinem Beruf

He then turned to Aladdin and asked him his trade

aber der Knabe ließ beschämt den Kopf hängen

but the boy hung his head in shame

und seine Mutter brach in Tränen aus

and his mother burst into tears

Also bot Aladins Onkel an, für Essen zu sorgen

so Aladdin's uncle offered to provide food

Am nächsten Tag kaufte er Aladdin einen schönen Anzug

The next day he bought Aladdin a fine suit of clothes

und er führte ihn durch die ganze Stadt

and he took him all over the city

Er zeigte ihm die Sehenswürdigkeiten der Stadt

he showed him the sights of the city

Bei Einbruch der Dunkelheit brachte er ihn nach Hause zu seiner Mutter

at nightfall he brought him home to his mother

Seine Mutter war überglücklich, ihren Sohn so fein zu sehen

his mother was overjoyed to see her son so fine

Am nächsten Tag führte der Zauberer Aladdin in einige schöne Gärten

The next day the magician led Aladdin into some beautiful gardens

Das war ein langer Weg vor den Toren der Stadt

this was a long way outside the city gates

Sie setzten sich an einen Brunnen

They sat down by a fountain

und der Zauberer zog einen Kuchen aus seinem Gürtel

and the magician pulled a cake from his girdle

Er teilte den Kuchen zwischen den beiden auf

he divided the cake between the two of them

Dann zogen sie weiter, bis sie fast die Berge erreichten

Then they journeyed onward till they almost reached the mountains

Aladdin war so müde, dass er darum bettelte, zurückkehren zu dürfen

Aladdin was so tired that he begged to go back

aber der Zauberer betörte ihn mit angenehmen Geschichten

but the magician beguiled him with pleasant stories

und er führte ihn trotz seiner Faulheit weiter

and he led him on in spite of his laziness

Endlich kamen sie zu zwei Bergen

At last they came to two mountains

Die beiden Berge waren durch ein enges Tal getrennt

the two mountains were divided by a narrow valley

"Wir wollen nicht weitergehen," sagte der falsche Onkel;

"We will go no farther" said the false uncle

"Ich werde dir etwas Wunderbares zeigen"

"I will show you something wonderful"
"Sammle Stöcke, während ich ein Feuer entzünde"
"gather up sticks while I kindle a fire"
Als das Feuer angezündet war, warf der Zauberer ein Pulver darauf;
When the fire was lit the magician threw a powder on it
und er sagte einige magische Worte
and he said some magical words
Die Erde bebte ein wenig und öffnete sich vor ihnen
The earth trembled a little and opened in front of them
Ein quadratischer flacher Stein offenbarte sich
a square flat stone revealed itself
und in der Mitte des Steins war ein Messingring
and in the middle of the the stone was a brass ring
Aladdin versuchte wegzulaufen
Aladdin tried to run away
aber der Zauberer erwischte ihn
but the magician caught him
und er gab ihm einen Schlag, der ihn niederschlug
and he gave him a blow that knocked him down
"Was habe ich getan, Onkel?" fragte er kläglich
"What have I done, uncle?" he said piteously
der Zauberer sagte freundlicher: "Fürchte nichts, sondern gehorche mir."
the magician said more kindly: "Fear nothing, but obey me"
"Unter diesem Stein liegt ein Schatz, der dir gehören soll"
"Beneath this stone lies a treasure which is to be yours"
"und niemand sonst darf es anfassen"
"and no one else may touch it"

"Also musst du genau das tun, was ich dir sage"

"so you must do exactly as I tell you"

Bei der Erwähnung des Schatzes vergaß Aladdin seine Ängste

At the mention of treasure Aladdin forgot his fears

Er ergriff den Ring, wie ihm gesagt wurde

he grasped the ring as he was told

und er sagte die Namen seines Vaters und Großvaters

and he said the names of his father and grandfather

Der Stein kam ganz leicht hoch

The stone came up quite easily

und einige Stufen erschienen vor ihnen

and some steps appeared in front of them

"Geh hinunter!" sagte der Zauberer;

"Go down" said the magician

"Am Fuße dieser Stufen finden Sie eine offene Tür"

"at the foot of those steps you will find an open door"

"Die Tür führt in drei große Hallen"

"the door leads into three large halls"

"Zieh dein Kleid hoch und geh durch die Hallen"

"Tuck up your gown and go through the halls"

"Achten Sie darauf, nichts anzufassen"

"make sure not to touching anything"

"Wenn du etwas berührst, stirbst du sofort"

"if you touch anything, you will die instantly"

"Diese Hallen führen in einen Garten mit feinen Obstbäumen"

"These halls lead into a garden of fine fruit trees"

"Gehen Sie weiter, bis Sie zu einer Nische auf einer Terrasse kommen"

"Walk on until you come to a niche in a terrace"

"Dort siehst du eine brennende Lampe"
"there you will see a lighted lamp"
"Gießt das Öl der Lampe aus"
"Pour out the oil of the lamp"
"Und dann bring mir die Lampe"
"and then bring me the lamp"
Er zog einen Ring von seinem Finger und gab ihn Aladdin
He drew a ring from his finger and gave it to Aladdin
und er gebot ihm, es ihm wohl zu ergehen
and he bid him to prosper
Aladdin fand alles, was der Zauberer gesagt hatte
Aladdin found everything as the magician had said
Er pflückte einige Früchte von den Bäumen
he gathered some fruit off the trees
und nachdem er die Lampe bekommen hatte, kam er an den Eingang der Höhle
and, having got the lamp, he arrived at the mouth of the cave
Der Zauberer schrie in großer Eile auf
The magician cried out in a great hurry
"Beeilt euch und gebt mir die Lampe"
"Make haste and give me the lamp"
Dies weigerte sich Aladdin, bis er aus der Höhle heraus war
This Aladdin refused to do until he was out of the cave
Der Zauberer geriet in eine schreckliche Leidenschaft
The magician flew into a terrible passion
Er warf noch etwas Pulver ins Feuer
he threw some more powder on to the fire
und dann sprach er einen weiteren Zauberspruch

and then he cast another magic spell
und der Stein rollte an seinen Platz zurück
and the stone rolled back into its place
Der Magier verließ Persien für immer
The magician left Persia for ever
dies zeigte deutlich, dass er kein Onkel Aladins war
this plainly showed that he was no uncle of Aladdin's
Was er wirklich war, war ein gerissener Zauberer
what he really was was a cunning magician
ein Zauberer, der von einer wunderbaren Lampe gelesen hatte
a magician who had read of a wonderful lamp
eine Lampe, die ihn zum mächtigsten Mann der Welt machen sollte
a lamp which would make him the most powerful man in the world
aber er allein wußte, wo es zu finden war
but he alone knew where to find it
und er konnte es nur aus der Hand eines anderen empfangen
and he could only receive it from the hand of another
Er hatte sich zu diesem Zweck den törichten Aladdin ausgesucht
He had picked out the foolish Aladdin for this purpose
Er hatte vorgehabt, die Lampe zu holen und ihn danach zu töten
he had intended to get the lamp and kill him afterwards

Zwei Tage lang blieb Aladdin im Dunkeln
For two days Aladdin remained in the dark
Er weinte und klagte über seine Situation

he cried and lamented his situation

Endlich faltete er die Hände zum Gebet

At last he clasped his hands in prayer

und dabei rieb er den Ring

and in so doing he rubbed the ring

Der Zauberer hatte vergessen, ihm den Ring abzunehmen

the magician had forgotten to take the ring back from him

Sofort erhob sich ein riesiger und furchterregender Geist aus der Erde

Immediately an enormous and frightful genie rose out of the earth

"Was willst du, dass ich tue?"

"What would thou have me do?"

"Ich bin der Sklave des Rings"

"I am the Slave of the Ring"

"und ich will dir in allen Dingen gehorchen"

"and I will obey thee in all things"

Aladdin antwortete furchtlos: "Erlöse mich von diesem Ort!"

Aladdin fearlessly replied: "Deliver me from this place!"

und die Erde tat sich über ihm auf

and the earth opened above him

und er befand sich draußen

and he found himself outside

Sobald seine Augen das Licht ertragen konnten, ging er nach Hause

As soon as his eyes could bear the light he went home

aber er fiel in Ohnmacht, als er dort ankam

but he fainted when he got there

Als er wieder zu sich kam, erzählte er seiner Mutter,

was geschehen war

When he came to himself he told his mother what had happened

und er zeigte ihr die Lampe

and he showed her the lamp

und er schüttete sie mit den Früchten, die er im Garten gesammelt hatte

and he shower her the the fruits he had gathered in the garden

Die Früchte waren in Wirklichkeit Edelsteine

the fruits were, in reality, precious stones

Dann bat er um etwas zu essen

He then asked for some food

"Ach! Kind", sagte sie;

"Alas! child" she said

"Ich habe nichts im Haus"

"I have nothing in the house"

"aber ich habe ein wenig Baumwolle gesponnen"

"but I have spun a little cotton"

"und ich werde hingehen und die Baumwolle verkaufen"

"and I will go and sell the cotton"

Aladdin befahl ihr, ihre Baumwolle zu behalten

Aladdin bade her keep her cotton

Er sagte ihr, er würde die Lampe anstelle der Baumwolle verkaufen

he told her he would sell the lamp instead of the cotton

Da es sehr schmutzig war, fing sie an, die Lampe zu reiben

As it was very dirty she began to rub the lamp

Eine saubere Lampe kann einen höheren Preis erzielen

a clean lamp might fetch a higher price

Augenblicklich erschien ein abscheulicher Geist

Instantly a hideous genie appeared

Er fragte, was sie gerne hätte

he asked what she would like to have

Beim Anblick des Dschinns fiel sie in Ohnmacht

at the sight of the genie she fainted

aber Aladdin ergriff die Lampe und sagte kühn:

but Aladdin, snatching the lamp, said boldly:

"Hol mir was zu essen!"

"Fetch me something to eat!"

Der Geist kehrte mit einer silbernen Schale zurück

The genie returned with a silver bowl

Er hatte zwölf silberne Teller mit reichhaltigem Fleisch

he had twelve silver plates containing rich meats

und er hatte zwei silberne Becher und zwei Flaschen Wein

and he had two silver cups and two bottles of wine

Aladins Mutter sagte, als sie wieder zu sich kam:

Aladdin's mother, when she came to herself, said:

"Woher kommt dieses herrliche Festmahl?"

"Whence comes this splendid feast?"

"Frag nicht, woher es kommt, sondern iss, Mutter", antwortete Aladdin

"Ask not where it came from, but eat, mother" replied Aladdin

So saßen sie beim Frühstück, bis es Zeit für das Abendessen war

So they sat at breakfast till it was dinner-time

und Aladdin erzählte seiner Mutter von der Lampe

and Aladdin told his mother about the lamp

Sie flehte ihn an, es zu verkaufen
She begged him to sell it
"Lasst uns nichts mit Teufeln zu tun haben"
"let us have nothing to do with devils"
aber Aladdin hatte es für klüger gehalten, die Lampe zu benutzen
but Aladdin had thought it would be wiser to use the lamp
"Der Zufall hat uns seine Tugenden bewusst gemacht"
"chance hath made us aware of its virtues"
"Wir werden ihn benutzen, und den Ring ebenso"
"we will use it, and the ring likewise"
"Ich werde es immer am Finger tragen"
"I shall always wear it on my finger"
Als sie alles gegessen hatten, was der Flaschengeist mitgebracht hatte, verkaufte Aladdin einen der silbernen Teller
When they had eaten all the genie had brought, Aladdin sold one of the silver plates
und als er wieder Geld brauchte, verkaufte er den nächsten Teller
and when he needed money again he sold the next plate
Er tat dies, bis keine Teller mehr übrig waren
he did this until no plates were left
Dann äußerte er dem Flaschengeist noch einen Wunsch
He then he made another wish to the genie
und der Geist gab ihm noch einen Satz Teller
and the genie gave him another set of plates
und so lebten sie viele Jahre
and thus they lived for many years

Eines Tages hörte Aladdin einen Befehl des Sultans

One day Aladdin heard an order from the Sultan

Alle sollten zu Hause bleiben und ihre Rollläden schließen

everyone was to stay at home and close their shutters

die Prinzessin ging zu und von ihrem Bad

the Princess was going to and from her bath

Aladdin wurde von dem Verlangen ergriffen, ihr Gesicht zu sehen

Aladdin was seized by a desire to see her face

obwohl es sehr schwierig war, ihr Gesicht zu sehen

although it was very difficult to see her face

denn überall, wo sie hinkam, trug sie einen Schleier

because everywhere she went she wore a veil

Er versteckte sich hinter der Tür des Bades

He hid himself behind the door of the bath

und er spähte durch einen Spalt in der Tür

and he peeped through a chink in the door

Die Prinzessin lüftete ihren Schleier, als sie ins Bad ging

The Princess lifted her veil as she went in to the bath

und sie sah so schön aus, dass Aladdin sich auf den ersten Blick in sie verliebte

and she looked so beautiful that Aladdin fell in love with her at first sight

Er ging so verändert nach Hause, dass seine Mutter erschrak

He went home so changed that his mother was frightened

Er sagte ihr, dass er die Prinzessin so sehr liebe, dass er ohne sie nicht leben könne

He told her he loved the Princess so deeply that he could

not live without her

und er wollte sie von ihrem Vater heiraten

and he wanted to ask her in marriage of her father

Als seine Mutter das hörte, brach sie in Gelächter aus

His mother, on hearing this, burst out laughing

aber Aladdin überredete sie schließlich, vor den Sultan zu treten

but Aladdin at last prevailed upon her to go before the Sultan

und sie würde seine Bitte tragen

and she was going to carry his request

Sie holte eine Serviette und legte die magischen Früchte hinein

She fetched a napkin and laid in it the magic fruits

Die magischen Früchte aus dem verwunschenen Garten

the magic fruits from the enchanted garden

die Früchte funkelten und glänzten wie die schönsten Juwelen

the fruits sparkled and shone like the most beautiful jewels

Sie nahm die magischen Früchte mit, um dem Sultan zu gefallen

She took the magic fruits with her to please the Sultan

und sie machte sich auf den Weg, im Vertrauen auf die Lampe

and she set out, trusting in the lamp

Der Großwesir und die Ratsherren waren soeben in den Palast gegangen

The Grand Vizier and the lords of council had just gone into the palace

und sie stellte sich vor den Sultan

and she placed herself in front of the Sultan

Er nahm jedoch keine Notiz von ihr
He, however, took no notice of her

Eine Woche lang ging sie jeden Tag hin;
She went every day for a week

und sie stand an derselben Stelle
and she stood in the same place

Als sich der Rat am sechsten Tag auflöste, sagte der Sultan zu seinem Wesir:
When the council broke up on the sixth day the Sultan said to his Vizier:

"Ich sehe jeden Tag eine bestimmte Frau im Audienzsaal"
"I see a certain woman in the audience-chamber every day"

"Sie trägt immer etwas in einer Serviette bei sich"
"she is always carrying something in a napkin"

"Rufen Sie sie an, um das nächste Mal zu uns zu kommen"
"Call her to come to us, next time"

"damit ich erfahre, was sie will"
"so that I may find out what she wants"

Am nächsten Tag gab ihr der Wesir ein Zeichen
Next day the Vizier gave her a sign

Sie ging hinauf zum Fuß des Thrones
she went up to the foot of the throne

und sie blieb kniend, bis der Sultan zu ihr sprach
and she remained kneeling till the Sultan spoke to her

"Steh auf, gute Frau, sag mir, was du willst"
"Rise, good woman, tell me what you want"

Sie zögerte, und so schickte der Sultan alle außer dem

Wesir fort

She hesitated, so the Sultan sent away all but the Vizier

und er befahl ihr, offen zu reden

and he bade her to speak frankly

und er versprach ihr, ihr alles zu verzeihen, was sie sagen würde

and he promised to forgive her for anything she might say

Dann erzählte sie ihm von der heftigen Liebe ihres Sohnes zu der Prinzessin

She then told him of her son's violent love for the Princess

"Ich habe ihn gebeten, sie zu vergessen", sagte sie;

"I prayed him to forget her" she said

"Aber die Gebete waren vergeblich"

"but the prayers were in vain"

"Er drohte, eine Verzweiflungstat zu begehen, wenn ich mich weigere, zu gehen"

"he threatened to do some desperate deed if I refused to go"

"und so bitte ich Eure Majestät um die Hand der Prinzessin"

"and so I ask your Majesty for the hand of the Princess"

"Aber jetzt bitte ich dich, mir zu verzeihen"

"but now I pray you to forgive me"

"und ich bete, dass du meinem Sohn Aladdin vergibst"

"and I pray that you forgive my son Aladdin"

Der Sultan fragte sie freundlich, was sie in der Serviette habe

The Sultan asked her kindly what she had in the napkin

Also entfaltete sie die Serviette

so she unfolded the napkin

und sie überreichte die Juwelen dem Sultan

and she presented the jewels to the Sultan

Er war wie vom Donner gerührt von der Schönheit der Juwelen

He was thunderstruck by the beauty of the jewels

und er wandte sich an den Wesir und fragte: "Was sagst du?"

and he turned to the Vizier and asked "What sayest thou?"

"Sollte ich die Prinzessin nicht einem schenken, der sie um einen solchen Preis schätzt?"

"Ought I not to bestow the Princess on one who values her at such a price?"

Der Wesir wollte sie für seinen eigenen Sohn

The Vizier wanted her for his own son

so bat er den Sultan, sie drei Monate lang zurückzuhalten

so he begged the Sultan to withhold her for three months

Vielleicht würde es seinem Sohn in der Zeit ein reicheres Geschenk machen

perhaps within the time his son would contrive to make a richer present

Der Sultan erfüllte den Wunsch seines Wesirs

The Sultan granted the wish of his Vizier

und er sagte Aladins Mutter, dass er in die Heirat eingewilligt habe

and he told Aladdin's mother that he consented to the marriage

aber sie darf drei Monate lang nicht mehr vor ihm erscheinen

but she must not appear before him again for three months

Aladdin wartete geduldig fast drei Monate

Aladdin waited patiently for nearly three months

Nachdem zwei Monate vergangen waren, ging seine Mutter auf den Markt

after two months had elapsed his mother went to go to the market

Sie ging in die Stadt, um Öl zu kaufen

she was going into the city to buy oil

Als sie auf den Markt kam, fand sie alle glücklich

when she got to the market found every one rejoicing

Also fragte sie, was los sei

so she asked what was going on

"Weißt du es nicht?" war die Antwort

"Do you not know?" was the answer

"Der Sohn des Großwesirs soll heute abend die Tochter des Sultans heiraten"

"the son of the Grand Vizier is to marry the Sultan's daughter tonight"

Atemlos rannte sie los und erzählte es Aladdin

Breathless, she ran and told Aladdin

Zuerst war Aladdin überwältigt

at first Aladdin was overwhelmed

Aber dann dachte er an die Lampe und rieb sie

but then he thought of the lamp and rubbed it

Wieder tauchte der Geist aus der Lampe auf

once again the the genie appeared out of the lamp

"Was ist dein Wille?" fragte der Flaschengeist

"What is thy will?" asked the genie

"Der Sultan hat, wie du weißt, sein Versprechen an mich gebrochen"

"The Sultan, as thou knowest, has broken his promise to me"

"Der Sohn des Wesirs soll die Prinzessin haben"
"the Vizier's son is to have the Princess"
"Mein Befehl ist, dass du heute Abend die Braut und den Bräutigam bringst"
"My command is that tonight you bring the bride and bridegroom"
"Meister, ich gehorche", sagte der Flaschengeist
"Master, I obey" said the genie
Dann ging Aladdin in seine Kammer
Aladdin then went to his chamber
Und tatsächlich, um Mitternacht transportierte der Flaschengeist ein Bett
sure enough, at midnight the genie transported a bed
und das Bett enthielt den Sohn des Wesirs und die Prinzessin
and the bed contained the Vizier's son and the Princess
"Nimm diesen frisch verheirateten Mann, Genie", sagte er
"Take this new-married man, genie" he said
"Leg ihn für die Nacht draußen in die Kälte"
"put him outside in the cold for the night"
"Dann gib sie bei Tagesanbruch wieder zurück"
"then return them again at daybreak"
Da holte der Geist den Sohn des Wesirs aus dem Bett
So the genie took the Vizier's son out of bed
und er ließ Aladdin mit der Prinzessin zurück
and he left Aladdin with the Princess
"Fürchte nichts", sagte Aladdin zu ihr, "du bist meine Frau."
"Fear nothing," Aladdin said to her, "you are my wife"
"Du bist mir von deinem ungerechten Vater

versprochen worden"
"you were promised to me by your unjust father"
"und es wird dir kein Unheil widerfahren"
"and no harm shall come to you"
Die Prinzessin war zu erschrocken, um zu sprechen
The Princess was too frightened to speak
und sie verbrachte die elendeste Nacht ihres Lebens
and she passed the most miserable night of her life
obwohl Aladdin sich neben sie legte und fest schlief
although Aladdin lay down beside her and slept soundly
Zur festgesetzten Stunde holte der Geist den zitternden Bräutigam herein
At the appointed hour the genie fetched in the shivering bridegroom
Er legte ihn in seine Schranken
he laid him in his place
und er trug das Bett zurück in den Palast
and he transported the bed back to the palace
Bald darauf kam der Sultan, um seiner Tochter guten Morgen zu wünschen
Presently the Sultan came to wish his daughter good-morning
Der Sohn des unglücklichen Wesirs sprang auf und verbarg sich
The unhappy Vizier's son jumped up and hid himself
und die Prinzessin sagte kein Wort
and the Princess would not say a word
und sie war sehr betrübt
and she was very sorrowful
Der Sultan schickte ihre Mutter zu ihr
The Sultan sent her mother to her

"Warum willst du nicht mit deinem Vater sprechen, Kind?"
"Why will you not speak to your father, child?"
"Was ist geschehen?" fragte sie
"What has happened?" she asked
Die Prinzessin seufzte tief
The Princess sighed deeply
und endlich erzählte sie ihrer Mutter, was geschehen war
and at last she told her mother what had happened
Sie erzählte ihr, wie das Bett in ein fremdes Haus getragen worden war
she told her how the bed had been carried into some strange house
und sie erzählte, was im Hause geschehen war
and she told of what had happened in the house
Ihre Mutter glaubte ihr nicht im Geringsten
Her mother did not believe her in the least
und sie bat sie, es für einen eitlen Traum zu halten
and she bade her to consider it an idle dream
In der folgenden Nacht geschah genau das Gleiche
The following night exactly the same thing happened
und am nächsten Morgen wollte die Prinzessin auch nicht sprechen
and the next morning the princess wouldn't speak either
Als die Prinzessin sich weigerte zu sprechen, drohte der Sultan, ihr den Kopf abzuschlagen
on the Princess's refusal to speak, the Sultan threatened to cut off her head
Dann gestand sie alles, was geschehen war
She then confessed all that had happened

und sie befahl ihm, den Sohn des Wesirs zu fragen
and she bid him to ask the Vizier's son
Der Sultan befahl dem Wesir, seinen Sohn zu fragen
The Sultan told the Vizier to ask his son
und der Sohn des Wesirs sagte die Wahrheit
and the Vizier's son told the truth
er fügte hinzu, dass er die Prinzessin sehr liebe
he added that he dearly loved the Princess
"aber ich würde lieber sterben, als noch eine so schreckliche Nacht durchzumachen"
"but I would rather die than go through another such fearful night"
und er wünschte, von ihr getrennt zu werden, was ihm gewährt wurde
and he wished to be separated from her, which was granted
und das Schmausen und Jubeln hatte ein Ende
and there was an end to feasting and rejoicing

Dann waren die drei Monate vorbei
then the three months were over
Aladdin schickte seine Mutter, um den Sultan an sein Versprechen zu erinnern
Aladdin sent his mother to remind the Sultan of his promise
Sie stand an der gleichen Stelle wie zuvor
She stood in the same place as before
der Sultan hatte Aladdin vergessen
the Sultan had forgotten Aladdin
aber sogleich erinnerte er sich wieder an ihn
but at once he remembered him again

und er bat sie, zu ihm zu kommen

and he asked for her to come to him

Als der Sultan ihre Armut sah, fühlte er sich weniger denn je geneigt, sein Wort zu halten

On seeing her poverty the Sultan felt less inclined than ever to keep his word

und er bat seinen Wesir um Rat

and he asked his Vizier's advice

er riet ihm, einen hohen Wert auf die Prinzessin zu legen

he counselled him to set a high value on the Princess

ein Preis, der so hoch war, dass kein lebender Mensch ihn erreichen konnte

a price so high that no man living could come up to it

Der Sultan wandte sich dann an Aladins Mutter und sagte:

The Sultan then turned to Aladdin's mother, saying:

"Gute Frau, ein Sultan muss sich an seine Versprechen erinnern"

"Good woman, a Sultan must remember his promises"

"und ich werde meines Versprechens gedenken"

"and I will remember my promise"

"Aber dein Sohn muss mir erst vierzig Becken mit Gold schicken."

"but your son must first send me forty basins of gold"

"Und die goldenen Becken müssen voller Juwelen sein"

"and the gold basins must be brimful of jewels"

"Und sie müssen von vierzig schwarzen Kamelen getragen werden"

"and they must be carried by forty black camels"

"Und vor jedem schwarzen Kamel soll ein weißes sein"
"and in front of each black camel there is to be a white one"
"Und sie sollen alle prächtig gekleidet sein"
"and they are all to be splendidly dressed"
"Sag ihm, dass ich auf seine Antwort warte"
"Tell him that I await his answer"
Die Mutter von Aladdin verneigte sich tief
The mother of Aladdin bowed low
und dann ging sie nach Hause
and then she went home
obwohl sie dachte, alles sei verloren
although she thought all was lost
Sie gab Aladdin die Botschaft
She gave Aladdin the message
und sie fügte hinzu: "Er kann lange genug auf deine Antwort warten!"
and she added, "He may wait long enough for your answer!"
"Nicht so lange, wie du denkst, Mutter", erwiderte ihr Sohn
"Not so long as you think, mother" her son replied
"Ich würde noch viel mehr für die Prinzessin tun"
"I would do a great deal more than that for the Princess"
und er rief den Geist wieder herbei
and he summoned the genie again
und in wenigen Augenblicken kamen die achtzig Kamele
and in a few moments the eighty camels arrived
und sie nahmen allen Platz in dem kleinen Haus und Garten ein

and they took up all space in the small house and garden

Aladdin ließ sie zum Palast aufbrechen

Aladdin made them set out to the palace

und ihnen folgte seine Mutter

and they were followed by his mother

Sie waren sehr reich gekleidet

They were very richly dressed

und prächtige Juwelen waren an ihren Gürteln

and splendid jewels were on their girdles

und alle drängten sich um sie herum, um sie zu sehen

and everyone crowded around to see them

und die goldenen Becken trugen sie auf ihrem Rücken

and the basins of gold they carried on their backs

Sie betraten den Palast des Sultans

They entered the palace of the Sultan

und sie knieten vor ihm im Halbkreis nieder

and they kneeled before him in a semi circle

und Aladins Mutter schenkte sie dem Sultan

and Aladdin's mother presented them to the Sultan

Er zögerte nicht länger, sondern sagte:

He hesitated no longer, but said:

"Gute Frau, kehren Sie zu Ihrem Sohn zurück"

"Good woman, return to your son"

"Sag ihm, dass ich mit offenen Armen auf ihn warte"

"tell him that I wait for him with open arms"

Sie verlor keine Zeit, Aladdin davon zu erzählen

She lost no time in telling Aladdin

und sie befahl ihm, sich zu beeilen

and she bid him make haste

Aber Aladdin rief zuerst nach dem Flaschengeist

But Aladdin first called for the genie

"Ich will ein duftendes Bad", sagte er;
"I want a scented bath" he said
"und ich will ein Pferd, das schöner ist als das des Sultans"
"and I want a horse more beautiful than the Sultan's"
"und ich möchte, dass zwanzig Diener bei mir sind"
"and I want twenty servants to attend me"
"Und ich möchte auch, dass sechs schön gekleidete Diener auf meine Mutter warten;
"and I also want six beautifully dressed servants to wait on my mother
"und schließlich will ich zehntausend Goldstücke in zehn Beuteln"
"and lastly, I want ten thousand pieces of gold in ten purses"
Kaum hatte er gesagt, was er wollte, war es geschehen
No sooner had he said what he wanted and it was done
Aladdin bestieg sein schönes Pferd
Aladdin mounted his beautiful horse
und er ging durch die Gassen
and he passed through the streets
Die Diener warfen Gold in die Menge, während sie gingen
the servants cast gold into the crowd as they went
Diejenigen, die in seiner Kindheit mit ihm gespielt hatten, kannten ihn nicht
Those who had played with him in his childhood knew him not
Er war sehr hübsch geworden
he had grown very handsome
Als der Sultan ihn sah, stieg er von seinem Thron

herab

When the Sultan saw him he came down from his throne

Er umarmte seinen neuen Schwiegersohn mit offenen Armen

he embraced his new son in law with open arms

und er führte ihn in einen Saal, wo ein Festmahl ausgebreitet wurde

and he led him into a hall where a feast was spread

er beabsichtigte, ihn noch am selben Tag mit der Prinzessin zu verheiraten

he intended to marry him to the Princess that very day

Doch Aladdin weigerte sich sofort, zu heiraten

But Aladdin refused to marry straight away

"Zuerst muss ich einen Palast bauen, der der Prinzessin würdig ist"

"first I must build a palace fit for the princess"

und dann verabschiedete er sich

and then he took his leave

Als er zu Hause war, sagte er zu dem Flaschengeist:

Once home, he said to the genie:

"Baue mir einen Palast aus feinstem Marmor"

"Build me a palace of the finest marble"

"Den Palast mit Jaspis, Achat und anderen Edelsteinen besetzen"

"set the palace with jasper, agate, and other precious stones"

"In der Mitte sollst du mir einen großen Saal mit einer Kuppel bauen"

"In the middle you shall build me a large hall with a dome"

"Seine vier Wände werden aus Massen von Gold und

Silber sein"
"its four walls will be of masses of gold and silver"
"Und jede Wand wird sechs Fenster haben"
"and each wall will have six windows"
"und die Gitter der Fenster werden mit kostbaren Juwelen besetzt sein"
"and the lattices of the windows will be set with precious jewels"
"Aber es muss ein Fenster geben, das nicht geschmückt ist"
"but there must be one window that is not decorated"
"Geh und sieh zu, dass es erledigt wird!"
"go see that it gets done!"
Am nächsten Tag war der Palast fertig
The palace was finished by the next day
Der Flaschengeist trug ihn in den neuen Palast
the genie carried him to the new palace
und er zeigte ihm, wie alle seine Befehle getreulich ausgeführt worden waren
and he showed him how all his orders had been faithfully carried out
sogar ein Samtteppich war von Aladins Palast bis zum Palast des Sultans verlegt worden
even a velvet carpet had been laid from Aladdin's palace to the Sultan's
Aladins Mutter zog sich dann sorgfältig an
Aladdin's mother then dressed herself carefully
und sie ging mit ihren Dienern zum Palast
and she walked to the palace with her servants
und Aladin folgte ihr zu Pferde
and Aladdin followed her on horseback

Der Sultan schickte ihnen Musiker mit Trompeten und Zimbeln entgegen

The Sultan sent musicians with trumpets and cymbals to meet them

So hallte die Luft wider von Musik und Jubel

so the air resounded with music and cheers

Sie wurde zur Prinzessin gebracht, die sie grüßte

She was taken to the Princess, who saluted her

und sie behandelte sie mit großer Ehre

and she treated her with great honour

In der Nacht verabschiedete sich die Prinzessin von ihrem Vater

At night the Princess said good-by to her father

und sie machte sich auf den Teppich zu Aladins Palast

and she set out on the carpet for Aladdin's palace

Seine Mutter war an ihrer Seite

his mother was at her side

und ihnen folgte ihr Gefolge von Dienern

and they were followed by their entourage of servants

Sie war entzückt vom Anblick Aladins

She was charmed at the sight of Aladdin

und Aladdin lief, um sie in den Palast zu empfangen;

and Aladdin ran to receive her into the palace

"Fürstin," sagte er, "gib deiner Schönheit die Schuld an meiner Kühnheit

"Princess," he said "blame your beauty for my boldness

"Ich hoffe, ich habe Ihnen nicht missfallen"

"I hope I have not displeased you"

Sie sagte, sie habe ihrem Vater in dieser Angelegenheit bereitwillig gehorcht

she said she willingly obeyed her father in this matter

weil sie gesehen hatte, dass er hübsch ist
because she had seen that he is handsome
Nachdem die Hochzeit stattgefunden hatte, führte Aladdin sie in den Saal
After the wedding had taken place Aladdin led her into the hall
Hier wurde ein Festmahl in der Halle ausgebreitet
here a feast was spread out in the hall
und sie aß mit ihm
and she supped with him
Nach dem Essen wurde bis Mitternacht getanzt
after eating they danced till midnight

Am nächsten Tag lud Aladdin den Sultan ein, den Palast zu besichtigen
The next day Aladdin invited the Sultan to see the palace
Sie betraten den Saal mit den vierundzwanzig Fenstern
they entered the hall with the four-and-twenty windows
Die Fenster waren mit Rubinen, Diamanten und Smaragden verziert
the windows were decorated with rubies, diamonds, and emeralds
rief er: "Es ist ein Weltwunder!"
he cried "It is a world's wonder!"
"Es gibt nur eine Sache, die mich überrascht"
"There is only one thing that surprises me"
"War es ein Zufall, dass ein Fenster unvollendet blieb?"
"Was it by accident that one window was left unfinished?"
"Nein, mein Herr, es war beabsichtigt", erwiderte Aladdin;

"No, sir, it was done so by design" replied Aladdin

"Ich wünschte, Eure Majestät möge die Ehre haben, diesen Palast zu vollenden"

"I wished your Majesty to have the glory of finishing this palace"

Der Sultan freute sich über diese Ehre

The Sultan was pleased to be given this honour

und er schickte nach den besten Juwelieren der Stadt

and he sent for the best jewellers in the city

Er zeigte ihnen das unvollendete Fenster

He showed them the unfinished window

und er befahl ihnen, es wie die anderen zu schmücken

and he bade them to decorate it like the others

"Sir", antwortete ihr Sprecher;

"Sir" replied their spokesman

"Wir können nicht genug Juwelen finden"

"we cannot find enough jewels"

so ließ der Sultan seine eigenen Juwelen holen

so the Sultan had his own jewels fetched

Aber auch diese Juwelen waren bald aufgebraucht

but those jewels were soon soon used up too

Auch nach einem Monat war die Arbeit noch nicht halb getan

even after a month's time the work was not half done

Aladdin wusste, dass ihre Aufgabe unmöglich war

Aladdin knew that their task was impossible

Er befahl ihnen, ihr Werk rückgängig zu machen

he bade them to undo their work

und er befahl ihnen, die Juwelen zurückzutragen

and he bade them carry the jewels back

Der Flaschengeist stellte das Fenster auf seinen Befehl

hin fertig

the genie finished the window at his command

Der Sultan war überrascht, seine Juwelen wieder zu erhalten

The Sultan was surprised to receive his jewels again

Er suchte Aladdin auf, der ihm das fertige Fenster zeigte

he visited Aladdin, who showed him the window finished

und der Sultan umarmte seinen Schwiegersohn

and the Sultan embraced his son in law

Währenddessen vermutete der neidische Wesir das Werk der Verzauberung

meanwhile, the envious Vizier suspected the work of enchantment

Aladdin hatte durch seine sanfte Haltung die Herzen des Volkes gewonnen

Aladdin had won the hearts of the people by his gentle bearing

Er wurde zum Hauptmann der Armeen des Sultans ernannt

He was made captain of the Sultan's armies

und er gewann mehrere Schlachten für seine Armee

and he won several battles for his army

aber er blieb so bescheiden und zuvorkommend wie zuvor

but he remained as modest and courteous as before

Auf diese Weise lebte er mehrere Jahre in Frieden und Zufriedenheit

in this way he lived in peace and content for several years

Aber weit weg in Afrika erinnerte sich der Magier an Aladdin

But far away in Africa the magician remembered Aladdin

**und durch seine Zauberkünste entdeckte er, dass
Aladdin nicht in der Höhle umgekommen war**

and by his magic arts he discovered Aladdin hadn't
perished in the cave

**aber statt zugrunde zu gehen, war er entflohen und
hatte die Prinzessin geheiratet;**

but instead of perishing he had escaped and married the
princess

und nun lebte er in großer Ehre und Reichtum

and now he was living in great honour and wealth

**Er wußte, daß der arme Schneidersohn dies nur mit
Hilfe der Lampe hätte bewerkstelligen können**

He knew that the poor tailor's son could only have
accomplished this by means of the lamp

und er reiste Tag und Nacht, bis er in die Stadt kam

and he travelled night and day until he reached the city

er war entschlossen, Aladdins Ruin zu retten

he was bent on making sure of Aladdin's ruin

Als er durch die Stadt ging, hörte er Leute reden

As he passed through the town he heard people talking

**Alles, worüber sie reden konnten, war ein
wunderbarer Palast**

all they could talk about was a marvellous palace

"Verzeihen Sie meine Unwissenheit", bat er

"Forgive my ignorance," he asked

"Was ist das für ein Palast, von dem du sprichst?"

"what is this palace you speak of?"

**"Hast du nicht von Prinz Aladins Palast gehört?" war
die Antwort**

"Have you not heard of Prince Aladdin's palace?" was the

reply

"Es ist das größte Weltwunder"

"it is the greatest wonder of the world"

"Ich werde dich zum Palast führen, wenn du ihn sehen möchtest"

"I will direct you to the palace, if you would like to see it"

Der Zauberer dankte ihm, dass er ihn in den Palast gebracht hatte

The magician thanked him for bringing him to the palace

und als er den Palast gesehen hatte, wußte er, daß er vom Geist der Lampe aufgerichtet worden war

and having seen the palace, he knew that it had been raised by the Genie of the Lamp

Das machte ihn halb wahnsinnig vor Wut

this made him half mad with rage

Er beschloß, die Lampe in die Hände zu bekommen

He determined to get hold of the lamp

und er würde Aladdin wieder in die tiefste Armut stürzen

and he would again plunge Aladdin into the deepest poverty

Unglücklicherweise war Aladdin acht Tage lang auf die Jagd gegangen

Unluckily, Aladdin had gone a-hunting for eight days

Das gab dem Zauberer viel Zeit

this gave the magician plenty of time

Er kaufte ein Dutzend Kupferlampen

He bought a dozen copper lamps

und er legte sie in einen Korb

and he put them into a basket

und er ging in den Palast

and he went to the palace

"Neue Lampen für alte!" rief er aus

"New lamps for old!" he exclaimed

und ihm folgte eine johlende Menge

and he was followed by a jeering crowd

Die Prinzessin saß in dem Saal mit vierundzwanzig Fenstern

The Princess was sitting in the hall of four-and-twenty windows

Sie schickte einen Diener, um herauszufinden, was es mit dem Lärm auf sich hatte

she sent a servant to find out what the noise was about

die Dienerin kam zurück und lachte so sehr, dass die Prinzessin sie ausschimpfte

the servant came back laughing so much that the Princess scolded her

"Gnädige Frau," erwiderte der Diener

"Madam," replied the servant

"Wer kann nicht anders, als zu lachen, wenn man so etwas sieht?"

"who can help but laughing when you see such a thing?"

"Ein alter Narr bietet an, schöne neue Lampen gegen alte zu tauschen"

"an old fool is offering to exchange fine new lamps for old ones"

Ein anderer Diener, der das hörte, meldete sich zu Wort

Another servant, hearing this, spoke up

"Da ist eine alte Lampe auf dem Gesims, die er haben kann"

"There is an old lamp on the cornice there which he can

have"
Das war natürlich die Wunderlampe
this, of course, was the magic lamp
Aladdin hatte es dort gelassen, da er es nicht mit auf die Jagd nehmen konnte
Aladdin had left it there, as he could not take it out hunting with him
Die Prinzessin wusste nicht, wie wertvoll die Lampe war
The Princess didn't know know the lamp's value
Lachend befahl sie dem Diener, es einzutauschen
laughingly she bade the servant to exchange it
Der Diener brachte die Lampe zum Zauberer
the servant took the lamp to the magician
"Gib mir dafür eine neue Lampe", sagte sie;
"Give me a new lamp for this" she said
Er ergriff es und befahl der Dienerin, ihre Wahl zu treffen
He snatched it and bade the servant to take her choice
und die ganze Menge spottete bei diesem Anblick
and all the crowd jeered at the sight
aber der Zauberer kümmerte sich wenig um die Menge
but the magician cared little for the crowd
Er verließ die Menge mit der Lampe, die er holen wollte
he left the crowd with the lamp he had set out to get
und er ging aus den Toren der Stadt hinaus an einen einsamen Ort
and he went out of the city gates to a lonely place
Dort blieb er bis zum Einbruch der Nacht
there he remained till nightfall

und als die Nacht hereinbrach, zog er die Lampe heraus und rieb sie

and it nightfall he pulled out the lamp and rubbed it

Der Geist erschien dem Zauberer

The genie appeared to the magician

und der Zauberer befahl dem Flaschengeist

and the magician made his command to the genie

"Trage mich, die Prinzessin und den Palast an einen einsamen Ort in Afrika"

"carry me, the princess, and the palace to a lonely place in Africa"

Am nächsten Morgen schaute der Sultan aus dem Fenster auf Aladins Palast

Next morning the Sultan looked out of the window toward Aladdin's palace

und er rieb sich die Augen, als er sah, dass der Palast verschwunden war

and he rubbed his eyes when he saw the palace was gone

Er ließ den Wesir holen und fragte, was aus dem Palast geworden sei

He sent for the Vizier and asked what had become of the palace

Auch der Wesir schaute hinaus und verlor sich in Erstaunen

The Vizier looked out too, and was lost in astonishment

Er führte es wieder auf Verzauberung zurück

He again put it down to enchantment

und diesmal glaubte ihm der Sultan

and this time the Sultan believed him

Er schickte dreißig Mann zu Pferd, um Aladdin in

Ketten zu holen

he sent thirty men on horseback to fetch Aladdin in chains

Sie trafen ihn, als er nach Hause ritt

They met him riding home

Sie fesselten ihn und zwangen ihn, zu Fuß mit ihnen zu gehen

they bound him and forced him to go with them on foot

Das Volk aber, das ihn liebte, folgte ihnen in den Palast

The people, however, who loved him, followed them to the palace

Sie würden dafür sorgen, dass er nicht zu Schaden kam

they would make sure that he came to no harm

Er wurde vor den Sultan gebracht

He was carried before the Sultan

und der Sultan befahl dem Henker, ihm den Kopf abzuschlagen

and the Sultan ordered the executioner to cut off his head

Der Henker zwang Aladin, vor einem Holzklotz niederzuknien

The executioner made Aladdin kneel down before a block of wood

Er verband seine Augen, so dass er nicht sehen konnte

he bandaged his eyes so that he could not see

und er hob seinen Krummsäbel, um zuzuschlagen

and he raised his scimitar to strike

In diesem Augenblick sah der Wesir, daß die Menge in den Hof eingedrungen war

At that instant the Vizier saw the crowd had forced their way into the courtyard

sie kletterten die Mauern hinauf, um Aladdin zu retten

they were scaling the walls to rescue Aladdin

Da rief er dem Henker zu, er solle aufhören

so he called to the executioner to halt

Das Volk sah in der Tat so bedrohlich aus, dass der Sultan nachgab

The people, indeed, looked so threatening that the Sultan gave way

und er befahl Aladdin, die Fesseln zu lösen

and he ordered Aladdin to be unbound

Er begnadigte ihn vor den Augen der Menge

he pardoned him in the sight of the crowd

Aladdin bat nun zu wissen, was er getan hatte

Aladdin now begged to know what he had done

"Falscher Elender," sagte der Sultan, "komm dorthin."

"False wretch!" said the Sultan "come thither"

Er zeigte ihm vom Fenster aus die Stelle, wo sein Palast gestanden hatte

he showed him from the window the place where his palace had stood

Aladdin war so erstaunt, dass er kein Wort sagen konnte

Aladdin was so amazed that he could not say a word

"Wo ist mein Palast und meine Tochter?" fragte der Sultan

"Where is my palace and my daughter?" demanded the Sultan

"Zum einen bin ich nicht so sehr besorgt"

"For the first I am not so deeply concerned"

"aber meine Tochter muss ich haben"

"but my daughter I must have"

"Und du musst sie finden oder den Kopf verlieren"
"and you must find her or lose your head"

Aladdin bat um vierzig Tage, um sie zu finden
Aladdin begged to be granted forty days in which to find her

Er versprach, dass er zurückkehren würde, wenn er scheiterte
he promised that if he failed he would return

und bei seiner Rückkehr würde er nach dem Wohlgefallen des Sultans den Tod erleiden
and on his return he would suffer death at the Sultan's pleasure

Sein Gebet wurde vom Sultan erhört
His prayer was granted by the Sultan

und er verließ traurig die Gegenwart des Sultans
and he went forth sadly from the Sultan's presence

Drei Tage lang irrte er umher wie ein Wahnsinniger
For three days he wandered about like a madman

Er fragte alle, was aus seinem Palast geworden sei
he asked everyone what had become of his palace

aber sie lachten nur und bemitleideten ihn
but they only laughed and pitied him

Er kam an das Ufer eines Flusses
He came to the banks of a river

Er kniete nieder, um seine Gebete zu sprechen, bevor er sich hineinwarf
he knelt down to say his prayers before throwing himself in

Dabei rieb er den magischen Ring, den er immer noch trug
In so doing he rubbed the magic ring he still wore

Der Geist, den er in der Höhle gesehen hatte, erschien
The genie he had seen in the cave appeared
und er fragte ihn, was sein Wille sei
and he asked him what his will was
"Rette mein Leben, Dschinn", sagte Aladdin
"Save my life, genie" said Aladdin
"Bring meinen Palast zurück"
"bring my palace back"
"Das steht nicht in meiner Macht", sagte der Flaschengeist;
"That is not in my power" said the genie
"Ich bin nur der Sklave des Rings"
"I am only the Slave of the Ring"
"Du musst ihn um die Lampe bitten"
"you must ask him for the lamp"
"Das mag wahr sein", sagte Aladdin;
"that might be true" said Aladdin
"Aber du kannst mich in den Palast bringen"
"but thou canst take me to the palace"
"Setz mich unter das Fenster meiner lieben Frau"
"set me down under my dear wife's window"
Er befand sich sofort in Afrika
He at once found himself in Africa
er befand sich unter dem Fenster der Prinzessin
he was under the window of the Princess
und er schlief ein vor lauter Müdigkeit
and he fell asleep out of sheer weariness
Er wurde durch den Gesang der Vögel geweckt
He was awakened by the singing of the birds
und sein Herz war leichter als zuvor
and his heart was lighter than it was before

Er sah deutlich, dass all sein Unglück auf den Verlust der Lampe zurückzuführen war

He saw plainly that all his misfortunes were owing to the loss of the lamp

und er fragte sich vergeblich, wer es ihm geraubt hatte

and he vainly wondered who had robbed him of it

An diesem Morgen stand die Prinzessin früher auf als gewöhnlich

That morning the Princess rose earlier than she normally

Einmal am Tag musste sie die Gesellschaft der Zauberer ertragen

once a day she was forced to endure the magicians company

Sie behandelte ihn jedoch sehr hart

She, however, treated him very harshly

so wagte er es nicht, mit ihr im Palast zu wohnen

so he dared not live with her in the palace

Als sie sich ankleidete, schaute eine ihrer Frauen hinaus und sah Aladdin

As she was dressing, one of her women looked out and saw Aladdin

Die Prinzessin lief und öffnete das Fenster

The Princess ran and opened the window

bei dem Geräusch, das sie machte, blickte Aladdin auf

at the noise she made Aladdin looked up

Sie rief ihm zu, er solle zu ihr kommen

She called to him to come to her

Es war eine große Freude für die Liebenden, sich wiederzusehen

it was a great joy for the lovers to see each other again

Nachdem er sie geküsst hatte, sagte Aladdin:

After he had kissed her Aladdin said:
"Ich bitte dich, Prinzessin, in Gottes Namen"
"I beg of you, Princess, in God's name"
"Bevor wir über irgendetwas anderes sprechen"
"before we speak of anything else"
"um deinetwillen und um meinetwillen"
"for your own sake and mine"
"Sag mir, was aus der alten Lampe geworden ist"
"tell me what has become of the old lamp"
"Ich habe es auf dem Gesims in der Halle mit den vierundzwanzig Fenstern gelassen"
"I left it on the cornice in the hall of four-and-twenty windows"
"Ach," sagte sie, "ich bin die unschuldige Ursache unseres Kummers."
"Alas!" she said, "I am the innocent cause of our sorrows"
und sie erzählte ihm von dem Austausch der Lampe
and she told him of the exchange of the lamp
"Jetzt weiß ich es", rief Aladdin;
"Now I know" cried Aladdin
"Das haben wir dem Zauberer zu verdanken!"
"we have to thank the magician for this!"
"Wo ist die Lampe?"
"Where is the lamp?"
"Er trägt es mit sich herum!" sagte die Prinzessin;
"He carries it about with him" said the Princess
"Ich weiß, dass er die Lampe bei sich trägt"
"I know he carries the lamp with him"
"Weil er es aus seiner Brust zog, um es mir zu zeigen"
"because he pulled it out of his breast to show me"
"Und er will, dass ich meinen Glauben an dich breche

und ihn heirate"

"and he wishes me to break my faith with you and marry him"

"Und er sagte, du wärst auf Befehl meines Vaters enthauptet worden."

"and he said you were beheaded by my father's command"

"Er redet ewig schlecht von dir"

"He is for ever speaking ill of you"

"aber ich antworte nur mit meinen Tränen"

"but I only reply by my tears"

"Wenn ich darauf beharre, zweifle ich nicht"

"If I persist, I doubt not"

"Aber er wird Gewalt anwenden"

"but he will use violence"

Aladdin tröstete seine Frau

Aladdin comforted his wife

und er verließ sie für eine Weile

and he left her for a while

Er zog sich mit der ersten Person, die er in der Stadt traf, um

He changed clothes with the first person he met in the town

und nachdem er ein gewisses Pulver gekauft hatte, kehrte er zur Prinzessin zurück

and having bought a certain powder, he returned to the Princess

die Prinzessin ließ ihn durch eine kleine Seitentür herein

the Princess let him in by a little side door

"Zieh dein schönstes Kleid an", sagte er zu ihr;

"Put on your most beautiful dress" he said to her

"Empfange den Magier heute mit einem Lächeln"
"receive the magician with smiles today"
"Lass ihn glauben, dass du mich vergessen hast"
"lead him to believe that you have forgotten me"
"Lade ihn ein, mit dir zu Abend zu essen"
"Invite him to sup with you"
"Und sagen Sie ihm, dass Sie den Wein seines Landes probieren möchten"
"and tell him you wish to taste the wine of his country"
"Er wird für einige Zeit weg sein"
"He will be gone for some time"
"Solange er weg ist, werde ich dir sagen, was du tun sollst"
"while he is gone I will tell you what to do"
Sie hörte Aladdin aufmerksam zu
She listened carefully to Aladdin
und als er fortging, kleidete sie sich wunderschön
and when he left she arrayed herself beautifully
So hatte sie sich nicht mehr gekleidet, seit sie ihre Stadt verlassen hatte
she hadn't dressed like this since she had left her city
Sie zog einen Gürtel und eine Kopfbedeckung aus Diamanten an
She put on a girdle and head-dress of diamonds
Sie war schöner als je zuvor
she was more beautiful than ever
und sie empfing den Zauberer mit einem Lächeln
and she received the magician with a smile
"Ich habe mich entschieden, dass Aladdin tot ist"
"I have made up my mind that Aladdin is dead"
"Meine Tränen werden ihn nicht zu mir

zurückbringen"

"my tears will not bring him back to me"

"so bin ich entschlossen, nicht mehr zu trauern"

"so I am resolved to mourn no more"

"Darum lade ich dich ein, mit mir zu Abend zu essen"

"therefore I invite you to sup with me"

"aber ich bin der Weine überdrüssig, die wir haben"

"but I am tired of the wines we have"

"Ich möchte die Weine Afrikas probieren"

"I would like to taste the wines of Africa"

Der Zauberer rannte in seinen Keller

The magician ran to his cellar

und die Prinzessin tat das Pulver, das Aladdin ihr gegeben hatte, in ihren Becher

and the Princess put the powder Aladdin had given her in her cup

Als er zurückkehrte, bat sie ihn, auf ihre Gesundheit zu trinken

When he returned she asked him to drink her health

und sie reichte ihm ihren Becher im Tausch gegen seinen

and she handed him her cup in exchange for his

Dies geschah als Zeichen, um zu zeigen, dass sie sich mit ihm versöhnt hatte

this was done as a sign to show she was reconciled to him

Bevor er trank, hielt der Zauberer eine Rede

Before drinking the magician made her a speech

Er wollte ihre Schönheit loben

he wanted to praise her beauty

aber die Prinzessin unterbrach ihn

but the Princess cut him short

"Lasst uns erst trinken"
"Let us drink first"
"Und du sollst nachher sagen, was du willst"
"and you shall say what you will afterwards"
Sie setzte ihren Becher an die Lippen und hielt ihn dort
She set her cup to her lips and kept it there
Der Magier leerte seinen Becher bis auf den Bodensatz
the magician drained his cup to the dregs
und als er seinen Trunk ausgetrunken hatte, fiel er leblos zurück
and upon finishing his drink he fell back lifeless
Dann öffnete die Prinzessin Aladdin die Tür
The Princess then opened the door to Aladdin
und sie schlang ihre Arme um seinen Hals
and she flung her arms round his neck
aber Aladdin bat sie, ihn zu verlassen
but Aladdin asked her to leave him
Es gab noch mehr zu tun
there was still more to be done
Dann ging er zu dem toten Magier
He then went to the dead magician
und er zog die Lampe aus seiner Weste
and he took the lamp out of his vest
Er befahl dem Dschinn, den Palast zurückzutragen
he bade the genie to carry the palace back
die Prinzessin in ihrem Gemach fühlte nur zwei kleine Erschütterungen
the Princess in her chamber only felt two little shocks
In kurzer Zeit war sie wieder zu Hause
in little time she was at home again
Der Sultan saß auf seinem Balkon

The Sultan was sitting on his balcony

Er trauerte um seine verlorene Tochter

he was mourning for his lost daughter

Er blickte auf und musste sich wieder die Augen reiben

he looked up and had to rub his eyes again

Der Palast stand da wie früher

the palace stood there as it had before

Er eilte in den Palast, um seine Tochter zu sehen

He hastened over to the palace to see his daughter

Aladdin empfing ihn in der Halle des Palastes

Aladdin received him in the hall of the palace

und die Prinzessin war an seiner Seite

and the princess was at his side

Aladdin erzählte ihm, was geschehen war

Aladdin told him what had happened

und er zeigte ihm den Leichnam des Zauberers

and he showed him the dead body of the magician

damit der Sultan ihm glaubte

so that the Sultan would believe him

Es wurde ein zehntägiges Fest ausgerufen

A ten days' feast was proclaimed

und es schien, als ob Aladdin nun den Rest seines Lebens in Frieden leben könnte

and it seemed as if Aladdin might now live the rest of his life in peace

Aber es sollte nicht so friedlich werden, wie er gehofft hatte

but it was not to be as peaceful as he had hoped

Der afrikanische Magier hatte einen jüngeren Bruder

The African magician had a younger brother

Er war vielleicht noch böser und gerissener als sein Bruder

he was maybe even more wicked and cunning than his brother

Er reiste nach Aladin, um den Tod seines Bruders zu rächen

He travelled to Aladdin to avenge his brother's death

Er ging zu einer frommen Frau namens Fatima

he went to visit a pious woman called Fatima

Er dachte, sie könnte ihm von Nutzen sein

he thought she might be of use to him

Er betrat ihre Zelle und schlug ihr einen Dolch an die Brust

He entered her cell and clapped a dagger to her breast

Dann befahl er ihr, sich zu erheben und seinen Befehlen zu folgen

then he told her to rise and do his bidding

und wenn sie es nicht täte, sagte er, würde er sie töten;

and if she didn't he said he would kill her

Er zog sich mit ihr um

He changed his clothes with her

und er färbte sein Gesicht wie das ihre;

and he coloured his face like hers

Er zog ihren Schleier an, so dass er genauso aussah wie sie

he put on her veil so that he looked just like her

und schließlich ermordete er sie, obwohl sie sich fügte

and finally he murdered her despite her compliance

so daß sie keine Märchen erzählen konnte

so that she could tell no tales

Dann ging er zum Palast Aladins

Then he went towards the palace of Aladdin

Das ganze Volk hielt ihn für die heilige Frau

all the people thought he was the holy woman

Sie versammelten sich um ihn, um ihm die Hände zu küssen

they gathered round him to kiss his hands

und sie baten ihn um seinen Segen

and they begged for his blessing

Als er in den Palast kam, herrschte ein großer Tumult um ihn herum

When he got to the palace there a great commotion around him

Die Prinzessin wollte wissen, was es mit dem Lärm auf sich habe

the princess wanted to know what all the noise was about

Da befahl sie ihrem Diener, aus dem Fenster nach ihr zu sehen

so she bade her servant to look out of the window for her

und ihr Diener fragte, was es mit dem Lärm auf sich habe

and her servant asked what the noise was all about

Sie fand heraus, dass es die heilige Frau war, die den Tumult verursachte

she found out it was the holy woman causing the commotion

Sie heilte die Menschen von ihren Krankheiten, indem sie sie berührte

she was curing people of their ailments by touching them

die Fürstin hatte schon lange den Wunsch gehabt, Fatima zu sehen

the Princess had long desired to see Fatima

Also brachte sie ihren Diener dazu, sie in den Palast zu bitten;

so she get her servant to ask her into the palace

und die falsche Fatima nahm das Angebot in den Palast an

and the false Fatima accepted the offer into the palace

Der Magier sprach ein Gebet für ihre Gesundheit und ihr Wohlergehen

the magician offered up a prayer for her health and prosperity

die Prinzessin ließ ihn neben sich sitzen

the Princess made him sit by her

und sie bat ihn, bei ihr zu bleiben

and she begged him to stay with her

Die falsche Fatima wünschte sich nichts Besseres

The false Fatima wished for nothing better

und sie willigte in den Wunsch der Prinzessin ein

and she consented to the princess' wish

aber er hielt seinen Schleier unten

but he kept his veil down

weil er wusste, dass er sonst entdeckt werden würde

because he knew that he would be discovered otherwise

Die Prinzessin zeigte ihm den Saal

The Princess showed him the hall

und sie fragte ihn, was er davon halte

and she asked him what he thought of it

"Es ist wirklich schön", sagte die falsche Fatima;

"It is truly beautiful" said the false Fatima

"Aber meiner Meinung nach will dein Palast noch eines"

"but in my mind your palace still wants one thing"

"Und was ist das?" fragte die Prinzessin
"And what is that?" asked the Princess
"Wenn doch nur ein Roc-Ei in der Mitte dieser Kuppel
aufgehängt würde"
"If only a Roc's egg were hung up from the middle of this
dome"
"Dann wäre es das Wunder der Welt", sagte er;
"then it would be the wonder of the world" he said
Danach konnte die Prinzessin an nichts anderes
denken als an das Ei des Rochen
After this the Princess could think of nothing but the Roc's
egg
Als Aladdin von der Jagd zurückkehrte, fand er sie
sehr schlecht gelaunt vor;
when Aladdin returned from hunting he found her in a
very ill humour
Er bettelte darum, zu wissen, was los sei
He begged to know what was amiss
und sie erzählte ihm, was ihr das Vergnügen
verdorben hatte
and she told him what had spoiled her pleasure
"Ich werde unglücklich gemacht, weil ich kein Roc-Ei
habe"
"I'm made miserable for the want of a Roc's egg"
"Wenn das alles ist, was du willst, wirst du bald
glücklich sein", antwortete Aladdin;
"If that is all you want you shall soon be happy" replied
Aladdin
Er verließ sie und rieb die Lampe
he left her and rubbed the lamp
Als der Flaschengeist erschien, befahl er ihm, ein Roc-

Ei zu bringen

when the genie appeared he commanded him to bring a Roc's egg

Der Geist stieß einen so lauten und schrecklichen Schrei aus, dass der Saal bebte

The genie gave such a loud and terrible shriek that the hall shook

"Elender!" rief er, "ist es nicht genug, daß ich alles für dich getan habe?"

"Wretch!" he cried, "is it not enough that I have done everything for you?"

"Aber jetzt befiehlst du mir, meinen Herrn zu bringen"

"but now you command me to bring my master"

"Und du willst, dass ich ihn mitten in dieser Kuppel aufhänge"

"and you want me to hang him up in the midst of this dome"

"Du und deine Frau und dein Palast verdienen es, zu Asche verbrannt zu werden"

"You and your wife and your palace deserve to be burnt to ashes"

"Aber diese Bitte kommt nicht von dir"

"but this request does not come from you"

"Die Forderung kommt vom Bruder des Magiers"

"the demand comes from the brother of the magician"

"Der Magier, den du vernichtet hast"

"the magician whom you have destroyed"

"Er ist jetzt in deinem Palast, verkleidet als die heilige Frau"

"He is now in your palace disguised as the holy woman"

"Die wirkliche heilige Frau, die er bereits ermordet hat"
"the real holy woman he has already murdered"
"Er war es, der sich diesen Wunsch in den Kopf deiner Frau gesetzt hat"
"it was him who put that wish into your wife's head"
"Pass auf dich auf, denn er will dich töten"
"Take care of yourself, for he means to kill you"
Als er dies sagte, verschwand der Geist
upon saying this the genie disappeared
Aladdin kehrte zur Prinzessin zurück
Aladdin went back to the Princess
Er sagte ihr, dass sein Kopf schmerze
he told her that his head ached
so bat sie, die heilige Fatima zu holen
so she requested the holy Fatima to be fetched
Sie konnte ihre Hände auf seinen Kopf legen
she could lay her hands on his head
und seine Kopfschmerzen würden durch ihre Kräfte geheilt werden
and his headache would be cured by her powers
als der Magier sich näherte, ergriff Aladdin seinen Dolch
when the magician came near Aladdin seized his dagger
und er durchbohrte ihn ins Herz
and he pierced him in the heart
"Was hast du getan?" rief die Prinzessin
"What have you done?" cried the Princess
"Du hast die heilige Frau getötet!"
"You have killed the holy woman!"
"Es ist nicht so", erwiderte Aladdin;

"It is not so" replied Aladdin

"Ich habe einen bösen Magier getötet"
"I have killed a wicked magician"

und er erzählte ihr, wie sie getäuscht worden war
and he told her of how she had been deceived

Danach lebten Aladdin und seine Frau in Frieden
After this Aladdin and his wife lived in peace

Er trat die Nachfolge des Sultans an, als dieser starb
He succeeded the Sultan when he died

Er regierte viele Jahre über das Königreich
he reigned over the kingdom for many years

und er hinterließ ein langes Geschlecht von Königen
and he left behind him a long lineage of kings

Das Ende / The End

www.tranzlaty.com